¡Hola, portaaviones!

MARAVILLAS VEHÍCULOS 35

PORTAAVIONES

GRACE BELTOWSKI

CREATIVE EDUCATION | CREATIVE PAPERBACKS

¡PUEDE QUE SEA GRANDE, PERO PUEDO MOVERME!

tabla de contenido

Publicado por Creative Education y Creative Paperbacks
P.O. Box 227, Mankato, Minnesota 56002
Creative Education y Creative Paperbacks
son sellos editoriales de The Creative Company
www.thecreativecompany.us

Diseño de Wyeth Morgan
Dirección artística de Blue Design (www.bluedes.com)

Imágenes de DVIDS/U.S. Navy/Mass Communication Specialist 2nd Class Novalee Manzella, 17; flickr/U.S. Navy/Mass Communication Specialist Seaman Erika Kugler, 8–9; Getty Images/Anton Petrus, 2, 23, General_4530, 24, SONG KYUNG-SEOK, 3, 20–21, Stocktrek Images, 10–11, 14–15; U.S. Navy/ 18–19, Mass Communication Specialist 3rd Class Juan A. Cubano, 4, Mass Communication Specialist Seaman Mohamed Labanieh, 6–7; Unsplash/MD Amadul Haque, 1; Wikimedia Commons/National Archives and Records Administration, portada (izquierda), PHC Albert Bullock, portada (centro), dominio público, 13, U.S. Navy/PH3 Alta I. Cutler, portada (derecha), 16

Library of Congress Cataloging-in-Publication Data
Names: Beltowski, Grace, author.
Title: Portaaviones / by Grace Beltowski.
Other titles: Aircraft carriers. Spanish
Description: Mankato, Minnesota : Creative Education and Creative Paperbacks, [2026] | Series: Maravillas | Includes index. | Audience: Ages 4-7 | Audience: Grades K-1 | Summary: "An engine-revving introduction to aircraft carriers, this transportation book for beginning readers features eye-catching photographs, humorous captions, and basic facts about the massive airbases of the sea. This Spanish text includes a labeled vehicle guide, glossary, and index— Provided by publisher.
Identifiers: LCCN 2024053416 (print) | LCCN 2024053417 (ebook) | ISBN 9798889898719 (library binding) | ISBN 9781682779118 (paperback) | ISBN 9798889899501 (ebook)
Subjects: LCSH: Aircraft carriers—Juvenile literature. | CYAC: Aircraft carriers.
Classification: LCC V874 .B45818 2026 (print) | LCC V874 (ebook) | DDC 623.825/5—dc23/eng/20241226
LC record available at https://lccn.loc.gov/2024053416
LC ebook record available at https://lccn.loc.gov/2024053417

Impreso en la India

Los portaaviones son barcos grandes. Son enormes **bases aéreas** en el océano.

APUESTO A QUE HACE CALOR ALLÁ ARRIBA.

Un portaaviones es largo y alto, y tiene muchos pisos. El piso superior se llama cubierta de vuelo.

Un avión avanza a toda velocidad por una **pista**. Despega. ¡Mira cómo vuela!

MUCHOS SON LOS AVIONES QUE DESPEGAN CADA DÍA.

Un capitán controla el avión. Muchos trabajadores ayudan a los aviones a despegar y aterrizar.

¡SOY EL CAPITÁN RICK "POWDER" BURGESS!

ALGUNOS PORTAAVIONES TIENEN CAPACIDAD PARA MÁS DE 100 AVIONES.

El avión regresa al barco y aterriza de forma segura en la pista.

Los portaaviones tienen sus propios cañones. Luchan en **batallas**. Protegen los mares.

75

¡Adiós, portaaviones!

[Imagina un portaaviones]

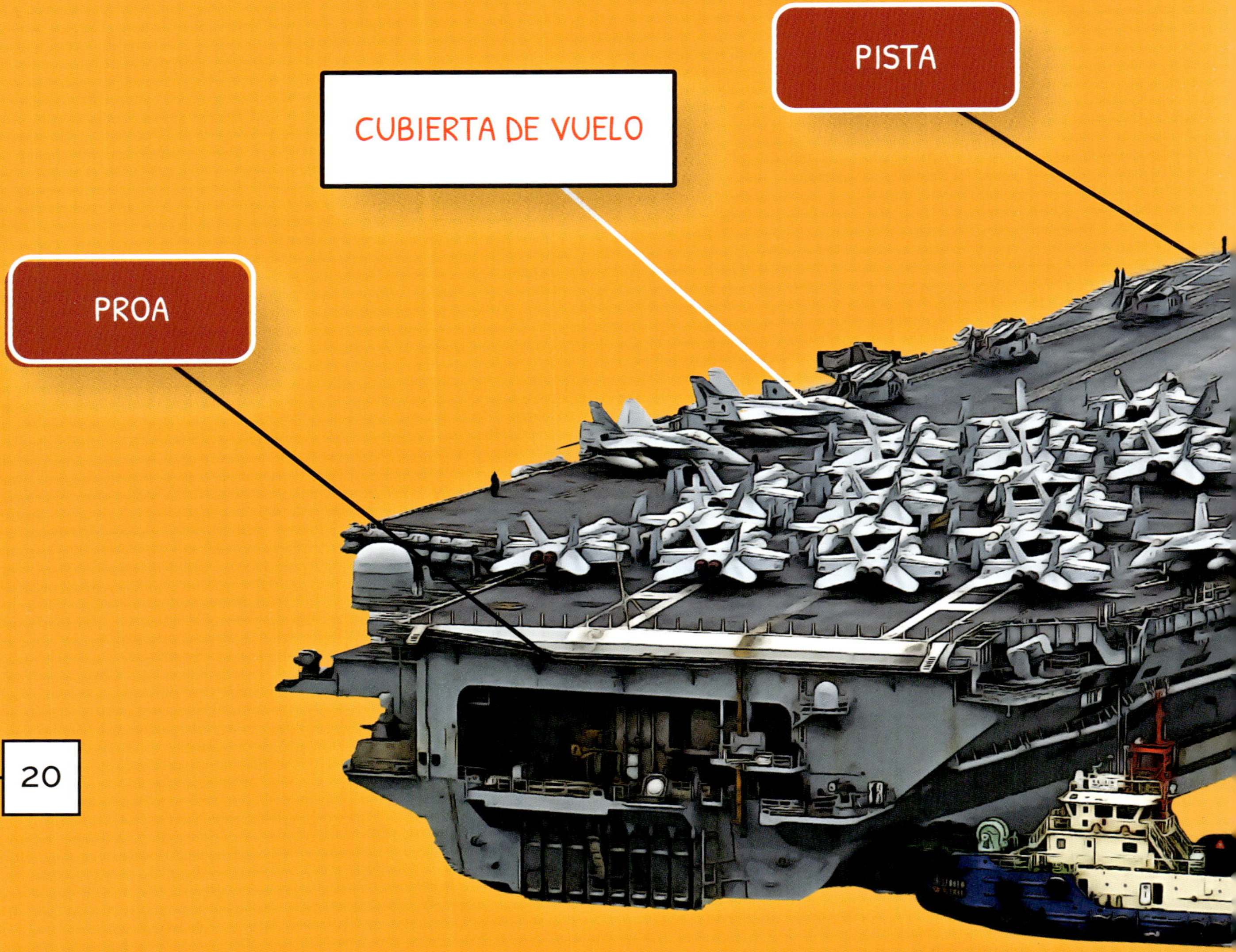

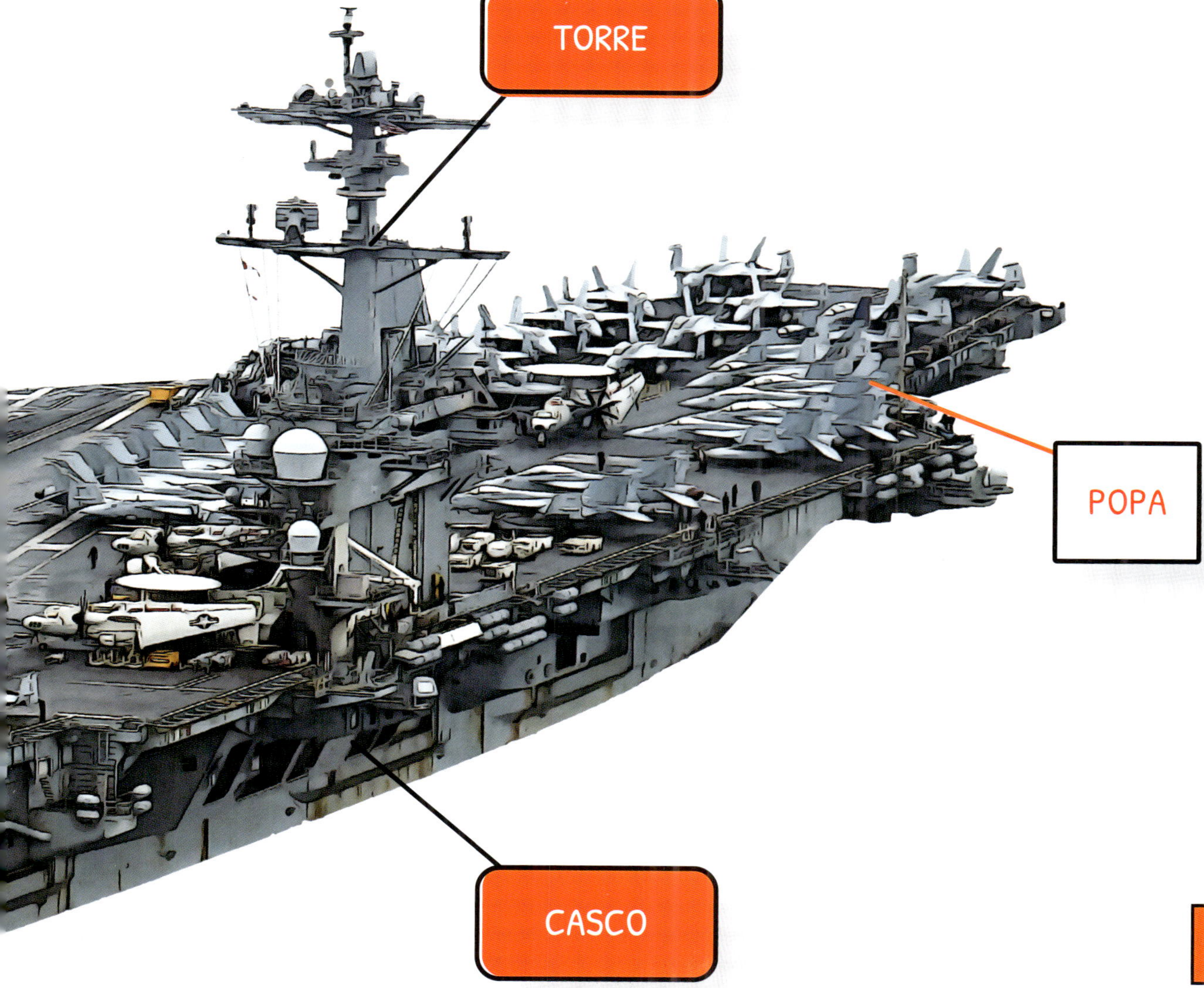

TORRE
POPA
CASCO

PALABRAS QUE DEBES CONOCER

base aérea: lugar donde van y vienen aviones militares

batalla: una pelea entre dos ejércitos o países

pista: franja de terreno liso donde los aviones despegan y aterrizan